DU KANNST NICHTS FALSCH MACHEN,

‒ ‒ ‒ ‒ ‒ ‒ ‒ ‒ ‒ ‒ ‒ ‒ ‒ ‒ ‒ ‒ ‒ ‒ ‒ ‒ ‒ ‒

‒ ‒ ‒ ‒ ‒ ‒ ‒ ‒ ‒ ‒ ‒ ‒ ‒ ‒ ‒ ‒ ‒ ‒ ‒ ‒

(Hier darf der Zusatz hin, der alles sagt
und noch mehr offen lässt. Mein Vor-
schlag? Seite 82 aufblättern ...)

Oliver Mano

# Aus den Hängematten[3]

[3] Sprengsätze für Weisheitsfresser

Bibliografische Information der Deutschen Nationalbibliothek:

Die Deutsche Nationalbibliothek verzeichnet diese Publikation in der Deutschen National-bibliografie: detaillierte bibliografische Daten sind im Internet über http://dnb.d-nb.de abrufbar.

© 2011 Oliver Mano, Karlsruhe
Lektorat: www.stärkere-texte.de
sprengsatzmeister@staerkere-texte.de
Zeichnung S. 54: Christoph de Temple
Herstellung und Verlag: Books on Demand GmbH, Norderstedt 2011
ISBN: 978-3-8391-6331-3

Für dieses Buch wurde keine Heidehummel gehetzt, verletzt, versetzt.

# Übersicht

Ein Satz am Tag genügt: Bausatz.

# Die Geburt war schon der Gipfel

Anfang ist Spinne; wer anfängt, verfängt sich.

Über jeden Anfang wirst du stolpern? Der
Gott des Anfangs darf kein Anfänger sein.

Der Urknall hat eine Vorgeschichte: zu viel
Spannung.

Der Taganbruch: ein Stich in deinen Stau-
damm.

Mein Wunsch: ein vollendeter Anfänger zu
werden. Ein Luftherz mit Falkenblick.

Wer Mittel nutzt, verknäult sich in Abhängig-
keiten. Dein Ziel verstrickt dich? Bestrickend

wähl's: dort fang an, wo du dich verheddern
willst! Dein Alltag: dein Verwicklungshelfer.


Jeder Anfang beschränkt? Ja: jeder Aufbruch
beschränkt Mögliches … entfacht Wirkliches.


Wo loshobeln? Beim Schärfen des Weltbilds.

„Teinen los!"

🚶 Wovon kann ich ausgehen? 90 Jahre schen-
ken wie viele Tage? 32.850. Zum 30. Mal nun
umschwirrst du die Sonne? 10950 Tage fort!
Von den restlichen wirst du verschlafen ein
Drittel: dir bleiben 14.600 Wachtage. Von
Grenzen ausgehen: jedes Leben endet bald.

🚶 Ausgehen von den Übermächten: Schwer-
kraft, Licht, Wärme, Feuchte, Erbgütern, An-
derslebenden, Werkzeugen, Druck. Umwelt ist
Übermacht. Ausgehen vom Unumgänglichen.
Von dir.

🚶 Ausgehen von Einheiten. Ausgehen von
Brücken. Dinge überlagern, vermengen,
durchdringen, kreuzen, mischen sich, ver-
schmelzen. Bindehäute beachten …

🚶 Ausgehen vom Gewinne-Machen-Müssen. Dein Leib setzt Kraft um ▻➡ du brauchst Einkommen, damit bei dir einiges herauskommt.

🚶 Ausgehen vom Möglichen. Alles Mögliche flackert bedingt. Ausgehen vom Gegebenen: nehmen, was noch da ist und Geschmackhaftes draus entwickeln – wie's die Sammlerinnen anpacken.

🚶 Um jedem der 7 Milliarden Zeitgenossen »grüzi« zuzurufen, bräuchtest du 150 Neunzigjahresleben. Von Einengendem durch die Menschenübermassen ausgehen.

🚶 Wovon kann ich ausgehen? Ein Menschherz kann 3 Milliarden Mal schlagen. Ausgehen vom ›Wofür?‹.

Ein Milchbauer sollte nicht ausgehen von Milchbauern. Wer vom Menschen ausgeht, kommt zu spät, zu kurz, zu selten vor. Wer von sich selbst ausgeht, kommt an. Weiter kommt, wer ausgeht von der Vorgeschichte.

Wer erbrütete das Ei mit dem ersten Küken?

**Die Geschichte.** 🐌 Viel gilt das Zu-Begreif-ende; wenig der Begriff.

Anfänger bist du? Fänger werde!

Fang strengt an. Mit Wölfen ist gut Hirsche fressen, weiss die Wölfin.

Wer kein herausragender Flieger, wird kein Raubvogel. (Falsch: jeder Vogel raubt.)

Der beste Weg beginnt, wo du anfängst zu fliegen.

»Wer nicht auftaucht, verliert den Strömungs-
zusammenhang. Nie wieder sträube dich ge-
gen das Gesetz des Flusses!« Womba Kritšch I.

Richtung ist Gericht. Bei der Geburt sollte
man aufpassen, wohin man sich gebären lässt.

Anfänger verzeihen zu viel.

Die Scheidefrage: »Ist dies gut für mich oder
schlecht?« Ist das grob? Grob genug.

Das häufigste Lebewesen im All: die Fort-
pflanze.

Wert entsteht aus Wurzeln. Saugwurzeln.

›Innere Freiheit‹ – trotz beengter Wohn-
zimmer?

Wichtiger als das Zimmer wird die Aussicht.

Geboren wird man durchs Schlüsselloch. Dein Haus ist deine Mutter; dein Viertel dein Weg. Es gab Ausnahmen.

Das Leben ein Hausschwamm. Meldepflichtig.

Du bist Königin von Preussen? Reisbauer in Kyoto? Über allem thront die Frage: wie lange? Wie lange noch?

OHNE DRUCK IST KEIN LEBEN MÖGLICH.

Warum gibt's die Welt? Weil sie die Kraft hat, zu zerfallen.

Alle Vorfälle ab 40 erklären sich leichter, wenn man einsieht: der Gipfel war schon, die Geburt.

Die Geburt ist die Spitze, der Rest Abbau.

»Einschneidend wirken Weltbildverbrecher. Und das übelste Weltbildverbrechen: zu vertuschen, dass die Geburt schon der Gipfel war. Danach beginnt der Abbau. Der Säugling hat mehr Hirnzellen als sein Vater. 1000 Milliarden zappeln anfangs, täglich sterben 80.000?

Ja, für verschiedene Körperbereiche wird es ein paar Nachgipfel geben … stellenweise eben. Doch Dauerbegleiterin des Körpers ab der Geburt bleibt die Zersetzung. Wem diese Welteinsicht vorenthalten wurde, der kommt sich falsch vor in der Welt. Wird wehmütig. Überheblich. Hält sich mit 45 für die Krönung. Dabei trippelt er seit einem Vierteljahrhundert täglich mehr seinem Ende entgegen.

Kennt man das Weltabbaugesetz, klagt man weniger über Kniegelenkverschleiss, Wollmäuse oder's Verschimmeln der Orangen auf der Jadeschale. Nahm man seine Weltbildung von den Tatsachen, kennt man das Zersetzen als ewigwerkelnde Grundkraft nach ein paar Gipfelblitzen. Beim Säugling wirkt jede Faser an ihrem Lichtplatz: alles frisch gefügt, der gesamte Aufbau vollendet. Die Geburt war der Gipfel, Auswurf auf dem Gipfel – das Leben ist das Herabgleiten über seine Zusammenhänge. Hoch-Zeit war die Geburt – das Dasein ebnet ein.« Hug Vÿn, Mandelverkäufer, Islo.


»Das Schicksal wird uns wohl vorgeschrieben – aber es schreibt sich selbst. Wer zulässt, öffnet vieles.«

»Das Schicksal schreibt sich uns vor – falls wir nicht stündlich drüberkritzeln.«


Jedes Leben bleibt vorentschieden – solang einer nichts ahnt von den Vorentscheidern.


Wer nichts weiss von der Geschichte, kann sie leichter umschreiben; wer mehr weiss von der Geschichte, kann sie eher umschreiben.

Anschluss findet der Aufgeschlossene.

Gipfel sind da, damit man von ihnen herab-
steigen lernt.

Vier Unfälle von fünf geschehen beim Abstieg.

Lob dem Verschleiss – er lässt uns nie im Stich.

Was rasch veraltet, war nie jung.

Für die gute Laune von morgen musst du ges-
tern gesorgt haben. Zukunft war verführbar.

Der Zukunft auf den Grund kommen: die Zu-
kunft beginnt ewig gestern.

Zum Schluss sind's immer die einen gegen die
andern. Dem Kampf ausweichen kann keiner.

»Eure Stallordnung missfällt mir«, ächzt der Sündenbock. »Mir auch«, setzt der Reisswolf nach.

Viele kamen zur Welt, doch nie auf die Erde.

Am wenigsten vom Berg schaut man auf seinem Gipfel.

Der Gipfel ist anders. [Als ein Blick vom Tal, als der Aufstieg, als der Abstieg, als eine Vorstellung von ihm.]

»Honig heilt; bleichgespülter Ramschzucker tötet. Weshalb, wo's doch ähnliche Teile sind? Weil Honig eine andere Geschichte hat, eine lebensvolle. Jeder Zuckerbrocken bringt seine Geschichte mit; ein Stück Würfelzucker liefert eine Geschichte von Gewalt: von Pressen, Auswaschen, Vertreiben: Austreiben lebenssatter Stoffe. Der Honigtropfen schenkt den Duft von Almkleeblüten und das Brummgesumm von Bienen. Welche Stoffgeschichte lasse ich landen in meinen Hirnzellen? In meinem Kühlschrank steckt meine Zukunft. Dein Kühlschrank: Heilmittelschatztruhe oder Zuckermördergrube?« Hudi Niustat I., Aarau.

Was löst deine Fragen, auf einen Hieb? Das Vorblättern nach Seite 49.

Durchblick befreit; und verlangweilt die Dinge. Zunächst.

Die Weissbuche gilt nicht als Buche, sondern als Birke. Die Rottanne ist eine ›Gemeine Fichte‹. Gurken gelten als ›Panzer-Beeren‹; Erdbeeren sind amtlich keine Beeren, sondern gehören als Rosengewächs zu den Sammel-nüssen … Auch Himbeeren und Brombeeren gelten nicht als Beeren – ›Sammelsteinfrüchte‹ sind's. Pfeif auf Benennungen!

Wieso sich dein Geschmack ändert? Eine Ge-schmackszelle hält 10 Tage.

Welten werden weniger zu einem bestimmten Zweck erschaffen als vielmehr gegen einen. Wogegen erfand sich das Leben? Gegen den Urknall, Zerfall, gegens Verbundlose? Gegen das Sich-Dran-Gewöhnen?

Riesig sein darf mein Weltbildverbrauch – im Gegensatz zu meinem Weltverbrauch. Und der Weltverbrauch wird sinken, je mehr Weltbilder ich durchforsche und je stimmigere.

$$\text{Weltverbrauch} = \frac{1}{\text{Weltbildverbrauch}}$$

162 Staaten verfügen über weniger Geldvermögen als der reichste Mensch. [18 mehr.]
* Ich find's putzig? ** Zusatz 2: er wird's nötig haben, der Ärmste.

Die Netze, die dich zeugen, halten dich gefangen, bis du dich entspinnst. Du schuldest dir deine Entdeckung.

# Eigenbrot

Der Hauptfehler: mit der Hauptsache abzu-
warten. Mit der Hautsache.

Erzeugen, was überzeugt.

Das Eigene überzeugt, das Nachgemachte
überwiegt.

Will man Edelsteine, muss man sie fördern.

Pack ein Können in dein Tun, pack dein
Können in ein Tun!

Etwas beherrschen; sonst wird man be-
herrscht. [Damit er wenixtens etwas be-
herrschte, beherrschte Hr. Wiechman sich.]

Wo dir alles gelingt – dafür bist du verloren.


Lieber eine kleine Tat als keine Großtat.
Kleine Brocken bilden den Berg.


Man muss was ausdrücken im Leben und sei's
ein Pickel am Hals.


Wir können eins nicht: etwas unbefingert
lassen.


Ausdruck geben, Eindruck machen.


Produktion = Provokation


Lösung für Einiges: mach das Eigene!


Man malt immerfort das gleiche Bild.

Viel können, eins tun: deins.

Weniges zerstört vieles.

Vollendung setzt viel voraus, viel Fehlendes: jeden Tropfen fortzulassen, der die Sache trübt.

Ihr Erfolg: sie hat an den richtigen Stellen gefehlt.

Jedes Meisterwerk zeigt Stärken und Schwächen; eine Stärke: die Schwächen blieben gestrichen. Das Erste beim Gestalten: das Weglassen des Dumpfen, Hinderlichen, Aufgestelzten, Unbedachten, _ _ _ _ _ _ _ _ _ _ _ _ _ _

Aller Fang ist schwer; schwerer ist kein Fang.

Wer bloß das Beste liefert, kann jeden andern Flitter aussparen.

Wichtigste Taten: drehen, ziehen, feilen.

Weile mit Feile! Heile mit Zeilen? Peile

Rat an den Echten: sei von morgens an ein
Meister! [Dein Meister.]

Was für sich steht, zieht mehr an.

Wonach zu fahnden lohnt? Nach dem Un-
widerstehlichen.

Welche Bilder gewinnen? Die uns zurück-
halten in sich. Die selbstverständlich wirken.
Und auf Anhieb ihre bezwingende Fort-
setzung aufblitzen lassen. Die sich zurück-
halten in uns.

Was überzeugt? Das Zwangsläufige. Was hat
Wert? Die erlösende Folge.

Echt ist das Unersetzbare.

Wo lacht Kürze? Wo man ihr Raum schenkt.

Das Ewige bleibt unvollendet. Ein Bruchstück.

»Jascha Heifetz … Da merke ich: der spielt gar nicht, um gehört zu werden! Nach innen spielt er, gebiert ein Selbstgespräch mit seiner Geige. Nicht, wie er uns etwas vorgeigt, hört man – man hört, wie er umgeht mit sich selbst.« Fi Jî.

Ein Weg, der nicht anders juckt als andre, führt kaum zu deinem Ziel.

Der Reichgewordene steht keineswegs am Schluss einer Erfolgskette – er löste sie aus.

Womit beginnt das Hochhaus? Mit einem Einfall. [Des Bauherrn.]

Was man gegens Warten tut, scheint Gegenwart.


Sich kümmern, oder Kummer.


Zur Welt bringt dich das Rechnen. Das Nach-
rechnen zur Unterwelt.


Bildungsvermögen, und Vermögensbildung.
Bloß was du anwenden kannst, gehört dir.

Rechenfehler beim Liedermachen:

♫ den ursprünglichen Einfall aus den
Ohren verlieren;

♫ vorschnell Ergebnisse gelten lassen, bloß
um Lücken zu füllen;

♫ Liedfremdes zulassen [beispielsweise die
Eitelkeiten sich einmischender Hörer:
das ist ›Mohraal‹ statt Ohrenfutter …
Unbereinigtes wird ohne Gnade wegge-
drückt von freien Hörern].

»Hätte ich das vollkommene Lied erfunden –
wohin müsste ich preschen, um an die
richtigen Leute zu kommen?«
»Hast du das vollkommene Lied, pilgern die
Hörer zu dir.«

Die Stimme im mitreissenden Lied – muss ge-
litten haben.

Dies kennzeichnet den Großen Einfall: jeder
will ihn ausschmücken. [Dann musst du jeden
Hauch an deinem Lied genau so lassen!]

Gib für Halbes dich nie ganz! Was du brauchst? Eigene Antwort. [Eigensatz = Lebensja.]

Schweres leicht machen, Leichtes leicht halten.

»Ich sehe jetzt, wie einfach alles gewesen wäre. Das erst ärgert mich wirklich.« Hanz Ursprun.

Schlüssel zur Gewinnwelt: sich einsetzen für eine Sache, die dich weiter trägt als du dich selbst.

»Ich finde immer noch etwas zum Verbessern« – welch eine Gabe, und welch ein Fluch!

Das Wunder ist stets das Gelungene.

Worum dreht sich's Leben? Um Ergebnisse, passende Ergebnisse. Gefühle sind Ergebnisse.

Vom Eigentun zum Eigentum? Vom Höhen-
flug zum Höllenfluch? Von Schöpfung zu Er-
schöpfung? _ _ _ _ _ _ _ _ _ _ _ _ _ _ _ _ _ _ _ _ _ _ _ _ _ _ _ _


Ein Weg zur Welt: sich eine zu erschaffen.


Wach wirst du in der Werkstatt, durchs Wer-
ken.


Eine Werkstatt schliesst Welten auf.


Perlen Raum schenken!


Zu Hause ist man, wo man werken kann. Wer
etwas meistert, ist daheim. [Manche ver-
wexeln: werkeln.]


Haus = Schutz + Leerraum = beschützte
Möglichkeiten

Ein Werk hält man leichter aus als Stückwerk.

… lieber davon leben als davonleben …

Geld wird erschaffen.

Der kräftigste Muskel im Körper: die Zunge.

Nörgeln versetzt Einwände, Werkzeug Wände.

Das Dasein verbessern: die richtige Tat. Hier blinkt dein entscheidender Zusatz: _ _ _ _ _ _

_ _ _ _ _ _ _ _ _ _ _ _ _ _ _ _ _ _ _ _ _ _ _ _ _ _ _ _ _ _ _ _

Werk = Wahrgebung.

Tat beruhigt. [Jeder ~~Trie~~Wohltäter weiss das.]

Ein eigenes Werk erschüttert jede Bruchbude.
Die Werkstatt dient dem Wechsel.


Werk : Qual = 2 : 1


Weisheit wächst aus Händen.


Der Blick in die Werkstatt wird keinen Kun-
den überzeugen; Halbfertiges erschöpft. Man
webt fürs Untermstrich.


Die grössten Kräfte setzt frei, wer's Kleinste
spaltet. [Grundbausteine? Sind Ergebnisse, die
sich halten konnten.]


Mehr Gold wäscht man, wo langsam der
Fluss.


Das Vollkommene darf selbst Fehler machen.

Das Vollkommene entwickelt dich.

Was bleibt, wird wahr. Dauer macht das Werk zum Werk. Ruinen surren heimatliederlich.

Nicht alles wird Gold, worauf man herumkaut.

Man baut nicht ›trotz‹ – ein Haus baut man ›wegen …‹. ▰▰ Inhalt gibt Halt.

Wer baut, braucht gute Gründe. Unterbau trägt Überbau; der Überbau schießt zurück.

Wer herstellt, muss darstellen.

Was man selbst gezeichnet hat, erkennt man.

Was man weitergibt – gipfelt's Dasein hier?
Vergiss nie, dich zu belohnen!


Bist du schon Anteilseigner an dir selbst?


Präge deine eigene Währung: schaffe Selbst-
läufer! Dich erlösen wird bloss dein Schmie-
den an deiner Hauptsache.


      Den Skorpion pack an seinem Stachel!


Der Rahmen [wie stark der Vertrieb], die
Oberfläche [Verpackung], der Zeitgeistzufall –
spielen sich auf als Hauptdarsteller auf der Er-
folgsbühne der Waren.


Damit eine Tat sich fügt, muss man ihr untreu
werden mit zwei anderen.


Keine Leerfahrten. Keine Luftbauten. Keine

Vorabversuche. Keine Seifenwelten. Kein
Fluchweg. [Wer ein Ich herstellen will.]


Andre müssen anders sein. Du bist ein andrer.


Die Rennen anderer sind nicht dein Lauf.
Die Rennen eines andern sind nicht dein Lauf.
DAS RENNEN ANDERER IST NICHT DEIN LAUF.


Dich kennenlernen willst du? Flüst're Frau
Slaffmüz und Herrn Blechle deine Meinung!


Eine Strafftat ersetzt viele Straftaten.


Deine Freude entfaltet dich erst, teilst du sie
mit einem Freund. Freude x 2 = Freude².


Ernten beglückt; Traubenernte vertreibt
Tränen. Man lebt für Früchte; fürs Balztanzen
beim Erntefest.

# Niemand braucht kleine Hilfe

Die gute Bewerbung muss besser abheben als der Bewerber.

Sprich mit dem Platzwart, dem Balljungen, den Vereinsgeldgebern – und du triffst öfter ins Tor!

Einsicht ist's, wenn sich durch sie die Aussichten erhöhen.

Fragen: Klärwerk fürs Hirn. [Wer hat's gemacht? Mit welchen Mitteln? Mit welcher Seilschaft? Welchen Hinterabsichten? Warum?]

Sparhilfe: nie kaufen, was man nicht versteht. Nie zahlen, was nicht geliefert.

Um sich nicht zu verfahren, braucht man ein Verfahren.  Denkweise, Lenkweise.

Vorhilfe > Nachhilfe

Sein Untergang: zu viele kleine späte Siege.

Seine Niederlagen vernebelten ihm seine Erfolge; seine Erfolge vernebelten ihm den Blick.

Zu dieser Ausnahme muss es eine Regel geben. [M. B.] Gibt es menschliche Primzahlen?

Ungleichungen führen stellenweise weiter als Gleichungen.

:: ALLE WEGE VERLEITEN ZU UMWEGEN ::
:: ALLE UMWEGE LEITEN ZU UMWEGEN ::


Sieger – vererben Kriege. ☺ Sieger schlafen
aus – vorher.


Der siegt, der Hoffnung auslöst bei Verlierern.


Wer untertreibt, wirkt überlegen.


»Wie willst du leben? Für mich beginnt vieles
mit einer Bewegung. Im Notfall mit einem
Rutschen ...« Ehra Klitz, Wendlingen.


Listen bereichern: kurze Wunschlisten,
kürzere Einkaufslisten.


Man muss lernen, zu missachten; Ablenken-
des.

Aus Grenzen lernt man: ausgrenzen lernt man.

Eine Wahrheit brauchst du bloss, weil Unwahres dein inneres Gesetz zerschmirgelt.

Die Grenze schärft dich.

Wer eine Mauer will, muss zum Maurer oder selbst mauern; wer Kuchen will, zum Bäcker oder selbst backen: mit Fachleuten unterhalte dich, Fachleute halten dich! Fachleute, die ihre Sache vergöttern.

Würden Reiche an Gold denken, wenn das Denken ihnen null einbrächte?

Vernichtender Tadel lohnt sich bei Zeug, das verdient, weiterzuleben. Wo nix sonst hilft?

Geld wirkt männlich. * Geld wirkt käuflich.

Den Hochpreis berappt man für Aufmerk-
samkeit. Wundern willst du dich, über die
Leut'? Besteh aufs Wahrgenommenwerden!

Vom Weisen zum Üb€rw€is€n …

Kann aus einer Weltwährung ein Weltver-
ständnis entspringen? Eher aus einem Welt-
verständnis eine Selbstwährung.

Eine Währung: eine Wahrheit auf Bewährung.

Fälscht man großangelegt, heißt's Währung.

Geld ist nicht, Geld wird. Frischgeld ködert.

Der Gegenwert des Rubels: Gegenwart.

Ein Erfolg ist nie wiederholbar. Versteuerbar ja.

Die Geschichte eines Erfolgs ist immer eine Geschichte.

Die Sprache des Geldes zahlt sich aus.

Dinge ergeben sich, schiesst du bloss mit Kronen auf sie. Nie verkehrt: ein Geldgewehr.

Geld wirkt stets bestechend.

Wer nimmt, wird reich; wer hinnimmt, arm. Reich wird, wer sich abfinden lässt; arm, wer sich abfindet.

Vertrieb Zeus liebt. Selbst eine lange Weile wird einem vertrieben.

Wertschaft statt Wirtschaft.

Bewährt hat sich, was begehrt bleibt.

Geldschein > Anschein

Ehrgeizige blöken berechenbarer.

Wie rechnen? Unerbittlich nachhakend. Gelingt's nicht vollkommen, lass es vollkommen!

Im Geldüberfluss zu plantschen – hält jung.
Gold hält jung? Geld macht kindisch.

Schlüssel folgen den Gesetzen der Werte.

Einfälle sind billig – den Einfallsreichen. Doch kostbar dem Seichtfratz: diesen düngen sie.

Oft geplappert wird von Weltanschauung, selten von Weltanhörung? Blind lacht öfter als taub.

Womit ich Wertvolles zu angeln vermag, ist ein Vermögenswert.

»Was entscheidet, ob's ankommt?«
»Der Nachdruck.«
»Warum gerade Nachdruck?«
»Frag verteufelt tief, und Höllen brodeln!«

Dass Käpt'n Erfolg dir gleichgültig bleibt wie die Schatzkiste dem Hai, macht ihn neugierig auf dich.

Man kann in jeder Lage ruhen. [Wo man das lang vereiteln will, herrscht Folter.]

Zum Strudel findet, wer's eigene Boot treiben lässt …

Der Winter und die Lohnsteuer machen arm, und die Ungeduld.

»Nie aufgeben!« – verseuchter Ochsenquark. Nie aufgeben, solang du deine Chance spürst …

Klüger als die Welt, in der man Knäuel webt, wird man nie. [Bloß stellenweise und meist unbemerkt von anderen.]

Klüger baust du nach dem ersten Fuchs-Bau.
⊱ Hausbesitz bringt dich der Erde näher.

Wände wachsen im Hinterkopf. Einwände. Abrissbirne: das Lob.

»Eine ehrliche Handwerkerrechnung jibt's keene«, weiß Rose Unru, Slosspatz 1, Querlin.

Geld wächst auf Bäumen – wo sonst? Im Dung.

Wer Geschäfte führt, führt auch Geheimnisse.

Versuchen Mitbürger einzubrechen bei dir,
hast du wohl einiges richtig gemacht.

Wer Werte schätzt, wird verschlossener.

Schlösser zwinkern wählerisch. Schlüsseln zu.
☺ DAMIT DICH ETWAS STÜTZT, MUSST DU ES
SCHÜTZEN.

Mein bester Schlüssel befreundet sich mit an-
deren. Mein bester Schlüssel wirkt aufschluss-
reich. Mein bester Schlüssel – passt. Für mich.

Es heisst nicht ›das Wirkzahme‹.

Wer sein Erfolgswissen niemandem mitteilt –
unterlassenes Hilfeleisten. Strafanzeigbar.

Wie züchtest du Erfolge? Lern Folgen züchten!

Zu keiner Arbeit passt Widerwille.

Jeder Gewinn beginnt hiermit: einer schlägt
das Vorgegebene aus. [Die 70 Führenden be-
haupten »X«? Du selbst musst »X« RÖNTGEN.
Mit Zweifeln springt das Leben an.]

Was dein Weltbild wert ist, spürst du hieran:
+ Wie hilft es dir aus dem Dreck?
+ Wie vergoldet's dir deine Träume in Wyrk-
lichkeit?
+ Was bringt es dir ein, tauschst du's gegen
ein neues?

»Warum will jeder anerkannt werden?«
»So nur kann er sich fortmenschen?«

Anschluss findet der Aufgeschlossene.

Wie soll man leben? Man soll leben. Was soll
man tun? Was einen drängt. Wie handeln?

Vorbedacht.

Hellsehen reicht kaum, man muss auch die Zu-
kunft gebären können, und zwar seit gestern.

Hat mein Freund Wiglu recht – Faulsein er-
müdet, erfrischen kann nur das Machen des
Richtigen –, müsste man im Urlaub statt sich
auf Sand hinzufläzen etwas Sinnvolles herstel-
len. Dies bedeutete das Aus den Hängematten:
um dich lodern Uhrwälder, und du brauchst
deine Schneise. In der Ruhe liegt die Kraft.

Begründe vom Boden her!

Man braucht Vielzeit, um Gegenwart herzustel-
len. [Notwendige Zusätze: um sich eine merk-
würdige Gegenwart herzustellen. Heute muss
man sich die eigne Gegenwart rückerbeuten.]

Ein Ziel zieht, ein Grund drängt.

# Aufforderung zur Zellteilung

Eine Stimme eine Stimme. Zwei Stimmen eine Welt. ✳ Gewusst? Du bist $10^0$ Menschen.

Eine Zahnreihe allein – wertlos. Biss kommt vom Gegen-Stand.

Stadt = Flut. Dichte erbrütet Dinge. 👀 Eine Stadt ohne Arbeit spukt nirgendwo.

Wer Bewegungen versteht, versteht das All.
Wer alles versteht – dem wird einiges klar.

Der besamte Körper denkt anders.

Das Kichern der Mädchen: der Kern der Welt.

Allein bist du ein All, zu zweit ein Stück Erde.

Glück ist Umglück.

Glück ist: die richtige Erwiderung. Das Glück
als Antwort; du musst nachgefragt haben.

Die Hauptsache meist eine Hautsache.


Ein Fest muss man aufbauen. Wasserfest.


Das bessere Leben baumelt an Splittern.


Der entscheidende Begriff heißt ›weiter‹, nicht
›mehr‹.          Das Weitere entscheidet dich.


Was muss ein Könner heute sein? Ein Könner
heute muss sein eigener Perlentaucher sein.
Sein eigener Schmied: Schwertschmied, Gold-
schmied. Sein eigener Gesangslehrer. Müll-
mann. Töpfer und Koch; sein eigener Imker
muss ein Könner heute sein. Wozu Könner
werden? Um leichter mit andern Könnern zu-
sammenzuwuppen …


Ebenmaß ist Gütemerkmal, da schwer herzu-
stellen.

Was ist eine Lösung? Das Feindurchmischen zweier Stoffe. Eine Lösung kannst du nie mehr rückgängig machen; nur frischmixen, ableiten.

Die grössten Kräfte entstehen: durchs Zusammenmischen. Oder durch Sammlung.

Wären alle gleichzeitig verliebt, zerbräche die Wirtschaft und allen ging's besser. Liebe bedroht Machthaber. Und jede Seele brennt.

Ein Feuer steckt das andre an – ja, in die Tiefe, ins Kleine hinein. [Bloß weil du hervorragend Schach spielst, wirst du kein hervorragender Bergsteiger. Wachsen aber wird dein Feingefühl für Zugzwänge und Winkelzüge … Deine Leidenschaft verringert deinen Spielraum, und bündelt dich.]

Die Liebe ist eine Fellentscheidung.

Bedingungslose Liebe? Ja, sobald ihre 83762 Vorbedingungen erfüllt scheinen …

Jeder steckt voller Wunder – in den Augen eines wundervollen Menschen.

Bei jedem lohnt zu sehen: wie tickt hier der Fortpflanzkniff?

Ein Raum ist Raum genug für zwei.

Wer mehr weiß, hat mehr Spaß.

Was löst Grundfragen mit einem Axthieb? Die Einsicht in die Körper um dich: elf ihrer neun Taten zielen aufs Überleben ihrer Kinder.

Mehr Kinder … [Dieser Einwurf löst 99 von 101 Streitfragen der Rechnungshofsbeamten-anwärterinnen und Abteilungsbürger.]

Wer weniger Austausch will, sollte mehr
küssen: mehr Keime werden abgeliefert beim
Händeschütteln als beim Kuss.

W as du tust – du tust es für dich. So wird's ✓.

Das Leben ist kein Geschäft.

»~~So viel ich erlebt habe: mein Schatzfund im~~
~~Obstgarten, das erste Lagerfeuer am Bagger-~~
~~loch hinterm Moor, Grossmutters Freitags-~~
~~mohnkuchen, die Radreise zum Bodensee,~~
~~meine Feierabendjubelfreunde, die Stern-~~
~~liederfeste im Spätsommer, der Brand unterm~~
~~Dach, der Fallschirmsprung überm Titisee,~~
~~jenen Frühling mit A. unter Kirschblüten, die~~
~~Beförderung, meine Tauchgänge, die Kinder~~
~~S. und J., der Tee im Hochgebirge in der Hütte~~
~~von Z. … Dort, bei den Reisebildbänden:~~
diese Schönheit setzt alles ausser Kraft.
   Diese Schönheit setzt mich ausser Kraft. ~~In~~
~~hastigem Beben lechzt du danach, alles! alles~~
~~…: Bisheriges, Kommendes: gleicherlei! …~~
~~wegzuwischen, für diese Schönheit. Dein Tun~~
~~zu … ändern! Für die Nähe zu dieser Schön-~~

heit willst du … reicher werden. Jede ihrer
Zellen blüht an ihrem Platz; jede deiner Zellen
eifert fiebernd ausser sich. Zu ihr. In ihr ge-
lingt das Wesen der Welt. Schönheit setzt alles
in Kraft.«


Schönes = Zeitnot


Hast du die Schönste nicht erkämpft – wofür
sollst du weiterkämpfen, da du nun einmal
kämpfen musst? Für eine Schönere. [Vor-
stellung.]


Die Windungen der Schönheit zu erforschen,
besuche Sahara-Sandhügel oder eine Jungfrau!


Wärme: das Bargeld der Wahrheit.


Wo eine Sonne glüht, scheint meist eine
andere nah. Doppelsterne. Die vereinzelte
Sonne bleibt Ausnahme.

Durch die Welt, Kaspar, trollen wir wozu?
Zum Abenteuern; für kühne feurige ausge-
buffte saftige Abenteuer. Seblstvertändlisch
mit Leibwächtern und Kranken- und Haft-
pichtverflichserung.  Jeder Alltag bleibt ein
Abenteuer; jeder entstand aus einem.

Wer an keinem Kreuzstich Schuld trägt, ist
nicht. Was man der Schuld nachzahlt – wird
zur Fleischfrage [dass Schuld kommt, steht
außer ihr]. Du hast das Leben eines anderen
gestört? Vielleicht wäre's ohne dich schneller
zerstört? Vielleicht … man muss nicht weiter-
reden; man kann sich nicht herausreden. Der
Meister gleicht's aus.  Gibt's Meuchler an
sich? Die Selbstgefälligen.

Du an meiner Stelle wärst ich.

Auch wer seine Gelegenheiten vergibt, wird
Folgen auslösen.

Bringt's dir keinen Frieden, scheint's wertlos.

## Querweltein

In der Stadtbahn von Singapur verboten:
Hunde und anderes Gepäck. Und das Beine-
übereinanderschlagen. Massenzwänge.


Ich will Weg.          Kein Weg ist ein Umweg.


Nordmeer färbt Hände grau.


Reise, und deinem Tag wachsen Flügel! Und
Widerhaken. Für fette Beute.


Selten entdeckst du tote Vögel, stimmt's?


Blauflossenthunfische: ihr Aussterben wird
ihre wirksamste Rache an den Fischmördern.
Grundschleppnetze = Folter des Meers.

Was verschlechtert jeden Weg? Das Weg-
schauen. ⚘ Das Wegschauen ist kein Weg;
beim Wegschauen vergeht er dir.

In Berlin stirbt jeden Tag ein Verkehrsteil-
nehmer an einem Verkehrsunfall.

Wer Strassen baut, kriegt Verkehr; wer
Schlüssel aushängt, Gäste.

Als schönste Breitengrade gelten die Band-
breitengrade.

                    Riff: Sprengstoff für die Sinne.

Weshalb bloß träumen von Feuerland, Japan,
Südseestränden? Bloß ein paar Flugstunden
braucht's dorthin. Wer dann sich die Augen
öffnet, findet kein Traumland: geschändete
Südsee. Die Hauptinseln von Fidschi und
Tonga – südseeverlorene Südsee, schreckvoller

Sudsee: zertrampelt; unkrautüppig, selbstent-
wurzelt.


Südsee. Schnelle Bewegungen – ? Verdächtig.


Blechratternde Brennstoffantriebe: Fluch
mancher Südseenacht.


Der ruhige Ort spricht für sich.


Neuseeland, Nordinsel; Wanganui. Victoria
Avenue, Kreuzung Taupo Quay; Dienstag, 29.
Juni 2004, 4:30 Uhr am Nachmittag. Dies fal-
tige Waschweib raubt mir's Vorfahrtsrecht,
und ich bin – auf Weltreise … Sich mit klei-
nen Stättchen herumplagen müssen … Wie
unbeteiligt man auch ankam – man wird so-
fort verflochten, und sei's mit dem Strafzettel
wegen Schnellfahrens aus Wut über eine zier-
liche Verzögerung … Wer klagt, wird reisen.

»Wo reistet ihr am leichtesten durch die Fremde?«
»Wo wir schon Freunde hatten.«


Auf Irland: trächtige Flüsse. Schafe. Rothaariges. Steinmauern … Viele neue Ring-Siedlungen. Ein Eiland, geschmiedet von Südwestwinden. Verlassene Regenschirme. Grasnarben: Kühe, Rinder, Ochsen. Pferde, Koppeln, Landsitze. Pferderennbahnen. Braunbier in braungeräucherten Beiseln. Torfstecher. Wald ist unirisch. Der fehlende Weg ans Meer: Irland, die Verhinderung von Strand trotz Eiland. Irland: vom steinigen Boden her jeden Halm ergrübeln.


An langweiligen Orten findet man leichter zu sich.


Der reichste Platz ist die Küste.


Ägypten isst den Nil.

In Russland schmerzt Tritt auf Tritt die fehlende Nähe zu einem brauchbaren Meer.


Sydney. Links neben den Landungsbrücken der Hafenfähren – Silbermöwen zanken dort mit Felsentauben um ein Fetzchen Weißbrot – fiedelt der weißbärtige chinesische Röhrengeigenspieler. Seit 30 Sommern hockt er da neben all den andern Gauklern am Circular Quay und wird noch die nächsten 30 Jahre hier seine eine Saite täglich wimmern lassen bis Mitternacht. Gib ihm den zweiten Taler von uns!


Wer reist, wird Reich- und Irrtümer verlieren.


Die Reise zeigt, wo du dich irrtest. Reise prüft Weltbild. ✎ Jede Reise regt auf.


»Ein Eiland mit vielen Menschen? Wird kleine Menschen prägen, die durch kleine gutgestaute Räume mit platzsparenden Schiebetüren mit Trippelschritten zurückhaltend daherwackeln, das Berühren vermeiden und Einklang suchen. Kopfnicken wirkt ansteckend. .Japan zuckt. [Und lebt seine Gewalt aus in Bildergeschichten.]« Hr. Färnkluch, Voltauch.

Ein Eiland mit kleinen Menschen – wird mehr Menschen tragen. Japaner im Ausland bilden eine Insel.

♭¬¡

»Beim Dasein auf Inseln, wo Enge der Umstand: weshalb ¥appahner umsichtiger umgehen mit sich, sich umsichtiger umgehen …«
»Und das Freischwimmen der Wale beleidigt ihren Inselsinn?«

Kleine Türen? Kleine Leut'.

Wie man Spielzeug staut und Zeitungen stopft und Schirme beizaubert und Flaschen türmt und Eier stapelt – lern's an einem Athener Kiosk!

Wie rollt man unter blanker Sonne die Dinge an? Langsam, mit Vorbehalten, unstur, vorläufig [in heißen Ländern scheinen die Leute gelassener]. Hitze: wer eilt, verwelkt. Lassen muss man sich Weile; Welt ist Spielplatz. Kräfte kannst du verschwenden, nie verausgaben kannst du sie: dein Schweiß deine Grenze. Mehr reden als grübeln … Stegreifmenschen, wo's warm ist: Stegreifländer.

Kälte: ein Fehler reicht: du bist tot. Jeder Griff muss passen. Spielraum: kaum. Die Kraft fasergenau einteilen, schonen, auf Vorrat bedacht, schnell ist sie verausgabt. Wie gelingen am Eis die Dinge? Härte ist gefordert, leibliche Härte, Schärfe des Entscheidens, Strenge der Tat. Mehr brüten als quasseln. In kaltem Land wirken die Leute näher am Rand. Ordnungsmenschen, wo's kalt: Ordnungsländer.

Geschichtenerzähler – Zahlenrechner? Stückwerk – Gesamtwerk? 's hängt am Wetter.

⚥ Wie lang soll die Reise dauern?

⚥ Wie hängt meine Reise zusammen mit meiner Vorgeschichte, wofür ist sie ein Baustein?

⚥ Womit reise ich, und mit wem?

⚥ Kenne ich selbst die Strecke, und alle anderen auch, oder wer?

⚥ Welchen Schatz verlange ich vom Weg, was verlangt der Weg von mir?

⚥ Will ich zurückkehren?

⚥ Wie verläuft die Vor-Reise: die Vorarbeit, das Wegwissen?

⚥ Wie die Nachreise?

Die Wanderung beginnt vor dem Wandern.

Regenwald: Lehrsaal des Über-Lebens. [Leider hält kein Wald sich an deine Begriffe.]

Rückkopplungen; Kehrwerte; Zahnradberg-bahnen, Seelenaufruhr; Wirklichkeitsver-schleiss; Scharfschützen; Sommerschlaf; All-mählichkeitsschäden; Antwortlust, Tausch-winde; Regenklau.

WAS HAB' ICH VON DER WELT? KörperKräf
teWellenBrüderHonigGipfelGrenzenLos

Wunder reissen, Wunden reisen mit.

Kein Mensch strahlt menscher als du.

Das Fremde ist eine unentdeckte Geschichte.

Was lehrt die Fremde? Woanders anders zu
wichteln.

Die Welt ist Schlüsselbund, schlüsselbunt.

Wer bloß einen halben Weg stapft, nimmt
schon ein ganzes Feld mit.

Zuletzt muss man doch selbst hintrecken, um
etwas zu erfahren.

sich einsetzen ≥ sich aussetzen
wieder Sprüche < Widersprüche
sich beobachten > sich achten


Er hielt sich für einen weitgereisten Menschen,
bis er nach Hause kam.


Ein Haus versteh'n ist viel.


Man findet mehr als man sucht.


Warum schau'n Städte gähnfad aus? Wider-
liche Satteldächer, gräusliche Ziegel, schaurige
Schilderfarben: alles Billigsiege.


Gesiegt haben die mit den schlechteren Wa-
ren: sie mussten härter kämpfen, um im Welt-
bewerb zu bestehen.


Was ausreicht, setzt sich durch.

Wenn Geld Welt speichert – dann ist es so, wie es ist. Diesen Satz wollte ich loswerden.

Wie sich alles verhält, so ist es … Dies ist kein Grund, der Gegenwart treu zu hampeln.

Ein guter Pirat muss gut schwimmen.

Ein Schwein muss Dreck gefressen haben, sonst schmeckt das Futter nicht.

Als Schlüssel zur Erde taugen nicht die Länder. Schlüssel zum Land ist die Geschichte der Lebensweisen in ihm. Und Erb-Massen verhalten sich, um zu behalten.

Auf einem Flug Paris-Athen wirst du Französisch und Griechisch, auf einem Flug Madrid-Stuttgart Spanisch und Deutsch hören. Gibt's Wunder? Wunder gibt's nirgends; es gibt das Wundern.

»Dans cette palace ici, où est le harem?«
»Mais, toute la palace est un harem …!«

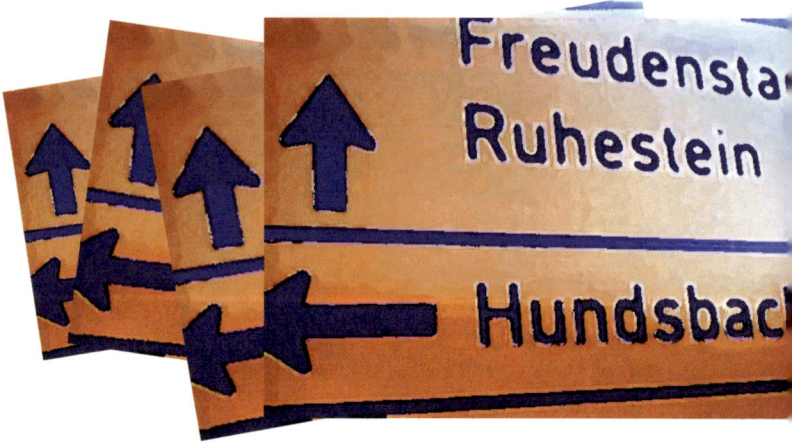

Wer wandert, lässt sich gehen.

Was ist der Preis? [Hauptfrage Arabiens. Und sie bleibt unbeantwortet.]

Die süßesten Feigen sind die kleinen.

## Vorübergehendes Weltbildend- stören

Zuerst kommt's Fressen, vorher das Fort- pflanzen.

Tatsachen – Tastsachen. ⟶ Warum riecht die Apfelblüte nicht nach Apfel? Bienen trinken keine Äpfel.

Prägung zwingt; Schliff bezwingt.

Klügere um dich: du wirst klüger. Dümmere um dich: du bleibst nicht klüger.

Keine Malerei [= Rettungsbegabung] wird so vernachlässigt wie die Weltbildmalerei. Die grabsteinschweren Verbrecher: Weltbildver- schmierer, Weltbildverschmutzer.

Eine Weltbildentstörung führt oft zur Weltbildempörung.

Wie hässlich die Gemeinen Küchenschaben den Menschen finden!

Mit diesem Tropfen wird dieser Butterbirnbaum eine Zelle höher sich recken. Dem Baum daneben wird dieser Tropfen zum Verlust: wächst der erste höher, erhält der zweite weniger Licht. Man muss sich entscheiden, wohin man spuckt. Täglich einen halben Eimer Speichel erzeugt dein Mund.

Jeder Baum ein Raubbaum.

99 von 100 Lebewesen sind Pflanzen …

Man muss nicht jede Aussicht schwarzmalen, manchmal reicht pechgrau.

**Das Erd-Ernüchterungsschaubild** [für die Lebenszaungäste unten rechts draussen.]

Brasilien: die Eisenvorkommen decken den Weltbedarf für 500 Jahre. Doch im boden-schatzreichsten Land Südamerikas ufern die **Armenviertel** aus. Viel Reichtum – doch unbe-stechliche Verteilerverfahren fehlen: die Neh-mer sind Krallgeier. So in Äthiopien, China und hier. Schuld wie stets die Gier-Vorge-schichte; Abhilfe wie stets schafft ein Umsturz.


Ausgebeutete tuten selbstbesessen, geldhörig und uneinfühlsam; genau wie ihre Ausbeuter. Hilfsbedürftiger zappeln die Ausbeuter: ihnen darf noch geholfen werden, sich zu trennen von ihrer Dollar$ucht. 🔦 Die Kluft muss weg.


»Heißt Umsturz, meine Forschungen zum Paarungsverhalten der Wolfsläuse enden?«
»Umsturz heisst: du wirst gerechter bezahlt für deine Ergebnisse.«
»Dann ist's ein Umbau. Und ich verliere wohl …«


Wie kleinlich man spielen muss, um nicht zu verlieren … und wie groß zum Siegen. Und: wie endlos nah Sieg und Niederlage! Gomoku.


Der Kern des Raumes ist ein Netz. Der Grund ist ein Gelenk.


In ein Netz hinein geboren warst du, dich herauszustrampeln – … neue Netze folgen.


Fernverkettet – nahvergittert.

Dem Nieflüchtling fehlt eine gegenwartsnahe
Erfahrung.


Es netzt, also sind wir.


Schon in 800 Wintern verlachst du deine
Ansichten von heute …


Als 78.-›größtes‹ Land war Deutschland mehr-
fach Ausfuhrweltmeister – wieso hatte dieses
Land krankhaft Durchfall? Wird ein Winzig-
land ›Ausfuhrweltmeister‹, kann mit diesem
Land auch sonst nicht viel in Ordnung sein.


Die Erde ist kein Gesamtzuckerwerk.


»Darf ich vorstellen? Die Werkstatt des Le-
bens begrünte Nordlandfelsen und rötete
Wälder des Regens. Ein Erderfolg: Lebewesen
nehmen ein Fünftel der Erdoberfläche ein.
Von 8.495.683 Lebensordnungen sind 4312

Säugetiere. Auch Eier legende Säugetiere gibt's [Kurzschnabeligel], und Tiere mit Flügeln, die keine Vögel sind, sondern Säuger [Flattertiere] – das Leben ein Gesamtwurstwerk. Die meisten Säuger sind Beuteltiere oder Raubtiere.« Malte Leizon, Lyma; Flohforscher.

Eisbären sind Linkshänder. Am Grund gehört jeder Krümel zur Weltwissenschaft.

Ein Stierkampf dauert eine Drittelstunde.

Es gilt die Weltwissenschaft. Alltag: ist Weltgrundlagenforschung. Jede Hausfrau: war eine Weltwissenschaftlerin.

Jeden bezwingt, was seine Not wendet.

Wer 21 Geburtstage bestand, hat drei Engpässe zu überwinden: Wärme, Wärme, Wärme. Die Wärme im Bauch, Wärme ums Herz,

Wärme auf der Haut. Ums Haupt? Dann
ging's leicht. Geldschein wärmt flink.

Jedes Dasein: ein Anstrampeln gegen Wärme-
verluste. Geld: der Erbfeind der Frierenden.

Schlüssel sind Mittel – Zweck das Kinder-
kriegen – Sinn das Überleben.

Die Geburt des Schlüssels ist die Wertschätz-
ung. Das Verschließen kam vor dem Öffnen.

Das Teuerste an einem Hausbau? Der Keller.
Also: fortlassen, und lieber ein Stockwerk hö-
her bauen. So kriegt man's Teurere: Weitsicht.

Der Nachbar baut mit.

Stressfrei baut keiner. Sein Weltbild auf. Ab.

Ein Haus zielt aufs Dach.

Dein Weltbild sucht dich heim. Dein Weltbild kleidet dich, mehr oder weniger …

Ein stimmiges Weltbild ist kein Standbild.

Zum Abheben braucht das Flugzeug eine ebene Bahn, keine Himmelsrampe! Das Wichtigste an einem Flugzeug bleibt die Landepiste.

Kaum einzusehen, weshalb man nicht Eier züchten kann ohne Hennen?

Ein Hirn sprüht Funken nur, wo's sich anrammt. ✳ Der Spiegel baut den Leib.

Eine Zeit gab's, in der Kühe sich noch selbst melken konnten. Kühe wirken unterschätzt, wie die Geschichte.

Der Staub in deinem Feld verfärbt dir den Blick für andre Felder. ↻ Dein Hirn verstellt dir die Welt.

Was du feststellst – davon musst du ausgehen.

Das Orkäster kann spielen ohne Dirrigähnt, der Dirrigähnt nie ohne Orkäster. Und: der Dirrigähnt verdient mehr als der Erfinder des Aufgeführten.

Warum bedeutet das Quadrat so viel? Und warum, Herr E., ist dies die wichtigste Zahl beim Berechnen der Dinge: 2,718281828459?

Ein Bild hat viele Mütter.

Wenn man es wiederholt, wird es anders. So-gar im Fernsehen. ↻ Die erste Wiederholung ist etwas Neues.

Nie ist es der selbe Kopf, den wir schütteln.

Weise ist zu wissen, dass man morgen eine
neue Weisheit braucht.

Am Anfang stand die Notlösung.

Menschen kaufen, was sie trifft: Zuspruch,
Wärme, Ablass.

Häuser, Brennstoff, Spiegel. Drei Dinge, die
man Männern und Frauen verkaufen wird.

Ein Mensch kauft nur, was ihn belohnt.

Geschichte schafft Druck. Die Märkte sind
und die Geschichte hält dicht.

Deine Gesundheit gehört dir; dein Geld ge-

horcht den Umständen; dein Werk gehört der
Welt.


Man muss reich sein, um auch zu Geld zu
kommen. Ohne Geld wippst du wehrlos.
Wirr sinnt geldkrank. Sprengstoff Geld –
wie Öl und Waffen – zermalmt Hirngänge.


Das Zinsgeheuer flickt sich ins Geldgeschäft
wie eine Erbkrankheit. Geld müsste zerrinnen
wie jeder andere Vorsprung.


Nichts hege ich gegen das Zinsgewucher –
solang die Begünstigten täglich wechseln.


Das Offenbaren sämtlicher Geldflüsse sorgte
für einige Übelschwemmungen: der wirk-
samste Umsturz bleibt der Kassensturz.


Um manches Tor ragt gar keine Mauer.

Wichtiger als die Wahrheit ist das Wirkliche;
wichtiger als das Wirkliche ist das Wahren.


Kein Stand trügt ärger als der Umstand.


Alles, was ist, bleibt umstritten.


Alle Schrift ist Zeitschrift.


Der wahre Schluss aus dem kurzen Lebendig-
sein wird kaum irgendwo tatsächlich gezogen.


Viele Leute sind selbstlos und schuldlos dran?
Selbstlose morden durch Daseinsunterlassung.


Ein Dasein verheisst Ungleichgewicht.


Das All breitet sich aus, weil sich die Dinge aus
dem Fluchtweg gehen wollen.

Wer den Weg selbst bestimmt, wird an Grenzen stossen.

Beeindruckendes wird staunleicht Bedrückendes.

Kann man die
Welt ordnen? Ja.
Lohnt sich das?
Viel leicht.
Wie lange hält
die Ordnung? Bis
zum nächsten
Blick auf sie.

Wofür soll die Fee der Wünsche mir die Augen lichten? Für meine eigene Sichtweise. Den Rest sehe ich selbst. Lieblingsfach: Weltbildmalerei.

Ein einheitliches Weltdeuten schafft innen Ordnung; und zwingt zum Grund. Die Welt eine Gesamtheizernüchterungsanstalt.

Forscher zerstören Erforschbares.

Der Schmetterling sieht den Adler in der Amsel. Ähnlich der Schmetterlingsfreund.

Das Wendige wird notwendig.

Am häufigsten beissen Wachhunde – ihre Wächter.

Menschen lieben Bilder, weil sie vom Reden abhalten. Bilder nisten in Herzkammern.

Bilder bestrafen jede Halbheit, vor allem Weltbilder.

Der Strich aufs leere Blatt ist kein Strich in die

Leere.

Eine Stadt verstehen ist viel. Aber erst ein Dorf . . .

Wer etwas Kleines vermisste, kennt sein Haus.

Man keckt anders durch die Hauptstadt, hat
man selbst ein Haus gebaut. Man streift anders
durchs Haus, war man unterwegs in der Welt.

$10^{79}$ Teilchen im Weltall. [Schätzung; Stand
nach 13,4 Milliarden Jahren.] Und zu dir all-
ein gehören schon $10^{14}$ Zellen: 100 Billionen!

Anfangs darf ich alle Fragen finden – denn am
Schluss soll ich ein paar Antworten haben.

Wer unentschieden zwischen zwei Brand-
fragen pendelt? Weiß noch zu wenig von
ihnen. Wer leidet, sieht noch schlecht.

Hell macht größer. [Fliesenlegerweisheit.]

Der kälteste Blick wird uns weiterlotsen. [Und das feurigste Herz.]

Fürs Ordnen spricht, dass Unordnung sich nicht lohnt.

Die Ordnung gleicht dem Befehl, sie zu halten.

Unordnung befreit. Aussprache befreit.

Die Wahrheit: nirgends keimt Hilfe. Abseits der Wahrheit.

Wer wertvoll rechnet, spürt: auch anderes hat seinen Wert.

Je größer eine Pokerrunde, umso ehrlicher
spielt ein Könner seine Hand.


Vorsicht – Wahrheit schränkt ein.


Das Endhaltestellengesetz: bleibt einer sitzen,
landet er im Gegenteil des Gewollten.


Übler dampfen die Folgefehler. Meistens.


Raucher schießen schlechter.


Zwei Krankheiten. Die alte Krankheit: zu
sorgsam. [Die ältere Seuche: zu lieblos.]


Kaputtallissmuss; er steht heute an der Spitze,
morgen im Lehrbuch, und seit vorgestern mit
keinem Knochen mehr in der Wirklichkeit.

Das All ist da, um die Mehrzahl zu ent-
zaubern. Was Welt ist? Die Schrammen an
deinem Verstand, das war die Welt.

Die Welt überwiegt.
Herde erdet.
Das Feuer siegt.

Erdwahres, mit dem du leben musst:
* Die Leute rumpeln dir im Weg herum.
* Kümmern musst du dich um dich.
* Schwätzer werden schwätzen.
* Wo man nicht selbst besticht, muss man
  bestechen.
* Man wird bereuen … so oder so.
* Alles besitzen kannst du nie; so wenig du
  alles verschmähen kannst. Du wirst
  mögen, und es wird sein ein Gemisch.

Du kannst nichts falsch machen, wo du deine
Sache entwickelst.

Aufregend, wie eine Einsicht beruhigen kann.

## Steilhangforschereien: das Halt-lose hat überall Standortvorteile

Fest steht: Feststehendes wird schwanken.

Wer mit beiden Beinen fest auf der Erde steht, wird weltfremd. Nach wenigen Leimtagen.

»Nichts hält.« Klebenserfahrung.

»Nirgends der Boden der Tatsachen, auf dem ein Landsmann mit beiden Beinen feststehen könnte. So aussichtslos festzustecken, würd' nie sich rechnen: Tat-Sachen wandern.« Carde Oswil, Navgårche.

Der erfolgreiche Jäger bleibt bei keinem Augenblitz bloß er selbst.

A ≠ A

So unscharf nehmen wir wahr, dass wir jemanden wiedererkennen.

Das Gesetz des Verhältnismäßigen allen Seins: so lustvoll selbstherrlich!

Was jetzt ist, war nur zu langsam, sich schon früher zu ändern.

... WEISS KANN WEISS NICHT BLEIBEN ...

Hochsteigen = Kampf. Tiefsinken auch.

Vor dem Rückflug wirken die Fluchgäste anders als nach der Ankunft. Lufttaucher.

Vom Flugzeug aus scheint alles leicht.

Obensein erleichtert. Fallhöhe.

Gründlicher lebst du am Abgrund. 🌀
Schmerzhafter wirkt das Uneingestandene.


Sinn für Strassen: Flüchtige wittern ihn.


Vielfalt rührt unten.


Götter hupen anmaßend. Frechsein das Zweit-
höchste.


Man kann zum Gipfel gleiten mit Schlüsseln
anderer. Der quicke Spatz auf den Flügeln des
müden Adlers schwebt höher als dieser.

Nicht alle Gesetze gelten für jeden? Nicht jedes
Gesetz gilt für alle.


Nicht selten schwirrt das Seltsame.


IN KLÜGER STECKT LÜGE
IN SCHWERKRAFT STECKT WERK
REISEN STECKT IN TEUFELSKREISEN
IN ZUSAMMENSCHMIEGEN STECKT EIN MENSCH
AUCH IN ZUSAMMENSCHLAGEN …
GERN STECKT IN ÄRGERN
IM JAHRHUNDERT KNURREN HUNDE

IM WOHLSTAND STECKT TAND
IN GELDBÖRSEN STECKT NICHTS
STECKT MUT IN ARMUT?
IN WICHTIG STECKE ICH − NICHTIG?
STECKT FARBE IN KOPFARBEIT!


Das einzig Beständige ist der Unbestand, und
die Mehrwertsteuer.


Jeder Tag ist die Ausnahme.

Jeder Tag stäubt.

Kein Satz knurrt ewig. Nur dieser.

Von Keksen lernen und von Aasgeiern: etwas
bröckelt immer ab.

»Kannst du das letzte Jahr zusammenfassen?«
»Wenn ich alles zusammenfasse, kommt her-
aus: zusammenfassen kann man nichts.«

Wozu sich befassen mit dem Glück? Danach
wird man sich weniger darauf verlassen.

Im Wellengang bricht dickes Eis schneller als
dünnes. Stur macht spröd.

Je schneller sich jemand dreht um sich selbst,
umso weniger kommt er vom Fleck [die Erde
zum Beispiel dreht sich 1000 Meilen jede

Stunde um sich selbst]. Nichts entwickelt sich stürmischer als der Leerlauf.

Wer golft, hat bessere Aussichten.

Stark sein heißt nicht: pausenlos Stärke zeigen müssen.

Auf Hunderten von Meilen wird vom Wind Druck auf den Wasserspiegel übertragen. Die daraus entstehende Welle rollt dann Tausende von Meilen durchs Meer bis sie bricht. Irgendetwas kann man draus lernen.

Schallwellen, Lichtwellen, Wahrscheinlichkeitswellen, Schwerewellen, Grenzflächenwellen [Luft : Wasser]. )( Wasserwellen: Oberflächenwellen, Tiefseewellen, Schwerewellen, Flachwasserwellen, Brandungswellen, Sturmwellen, Bugwellen, innere Wellen. [Innere Wellen gleiten ineinander, sprunghaft geht da nichts.]
)( Wellen sind Wasserspiegelauslenkungen. Sind Ausgleichserscheinungen an Grenz-

flächen, Wechselspiele an zwei Massen. Die Grenzfläche: äusserst wankelhaft. Unstetige Strömungen fordern Anpassung durch Wirbel. Wellen gleichen Grenzflächendruck aus; der Druck wird vermittelt durch – Wirbel.

Wer »A« sagt muss sonst gar nichts.

jodeln?

Jede Welle rollt anders. Wellenlehre.

Der gerade Weg winkt nirgends.

Wie kann man in der Springteufelwelt heil bleiben? Wellenreitend, und: sich erholend vom Wellenreiten.

Die besten Wege kennen keine Schnellstraßen.

Stark sein muss der Ziellose.

Zum Fallwesen der Welt: Zufälle; Unfälle; Überfälle; Rückfälle; Abfälle; Einfälle; Rheinfälle; auffällige Haarausfälle, Zwischenfälle, Wolfsfelle; Eiltagsfliegen. Beifall.

Höhe macht auffällig und anfällig.

Je härter dein Ziel wirkt, umso geschmeidiger sei dein Verfahren!

Wellen bricht ein Schiff vorn – gesteuert aber wird hinten. [Wo's ruhiger ...]

Vorwärtskommen? Hauptsache, du kannst gehen. Gehen wohin? Hauptsache, du kannst atmen. Atmen wozu? Hauptsache, du suchst Fragen. Warum Fragen? Um mit ein paar Antworten weiter zu kommen. Zu dir oder zu uns?

Lern fliegen, wenn du gehst. Lern landen,

wenn du fliegst …


Der Grundsatz: ein Grundsatz sitzt nur
blinzelkurz.


Ein schwieriger Schritt ist der vorletzte.


:: mehr als stehen ist verstehen ::


Wer die Schwebe aushält ~~und Rohkost~~,
kommt weit.


Wer ein Haus besitzt, entdeckt den Fluss.


Flinker gleitet man über Zusammenhänge.


Fettärmer tropft Gletschermilch.

Für jede Stunde, die der Tag leiht, kann er
acht Stunden rauben.


Willst du einen Unvernünftigen stürzen –
unterstütze ihn!


Was du töten willst, beschleunige!


»Das ist eben so …«
»… und deshalb wird's bald anders scheinen.«


Was mich stört am Alltag? Die Zukunft kennt
keinen. Vergangenes kannte auch keinen.


Meine jetzige Meinung hat kein Vorrecht da-
rauf, meine nächste Meinung zu sein.


Meinungen verschleissen wie Landschaften:
vom Rostwind rundherum, vom Säureregen

von oben, von den Schweinebandwürmern im Innern des Meinermagens.

**Der Zeitgeist ist ein Lächeln.** [Mal gewitzt, mal hämisch, selten nachvollziehbar, oft nebensächlich.]

Das Glück ist ein Witz. Der sich auslacht in dir.

Wer zuletzt lacht, lacht zu selten.

Was der Wind erfasst, begreifst du nicht mehr. [Bootsgesetz.]

Ist jeder Tritt vorausbestimmt? Dann wärst du frei. Und könntest ohnehin nichts falschmachen.

Kommt Besessenheit von Besitz? Oder umgekehrt?

Was beschlossen die Gipfel auf ihrem Gipfel-
treffen? Die Einführung der Täler.

»Wir begehren zwar Schönes – doch was er-
greift uns? Das Ungeschönte: die Wahrheit.«
»Träum weiter, du Landstreichler!«

Ein in sich geschlossenes Ganzes – geht uns
kein Stäubchen an.

»Seit Jahrhunderten weiss man Bescheid.«
Dieser Satz wird ständig wahrer.

Schwerer sind einfache Lösungen. ⅄ Der
Mensch will die Lösung.

Wenn jede Weltsicht ~~falsch~~ fälscht, dann
trällert auch meine richtig.

Für alles spricht etwas. ✳ Jede Annahme lässt

sich verteidigen; entscheidend bleibt: ob sie dich überzeugt?

Das All schäumt weiter als das Säuremeer des Wahren.

Alle haben Recht. Zartbittere Halbwahrheit.

Unduldsam sein: gegen Unduldsame.

»Warum soll ich mich richten nach der Wahrheit? Wann richtet sich die Wahrheit denn nach mir?« Xenya Figenis, Zorabaya.

Wahrheitsbeschränkte ersaufen früher.

Wahrheit: eine vorübergehende Zumutung.

Mit dem Erfolg ändern sich die Erfolgsbedingungen. Die Häuser werden teurer, die Liebhaber billiger, die Siege fader? Die Welt holt den Sieger ein. Zu landen ist Gesetz.

Die gleiche Lautstärke dröhnt anders bei Nacht als bei Tag.

Selbstgemachter Lärm schmeckt leiser.

Beruhigend an der Welt? Man kann keine Schlüsse aus ihr ziehen.

Ein weiter Reitweg war's zum Nicht-mehr-weiter-Wissen.

Wer für nichts steht, kann nie umfallen.

Die Fahne, die in jedem Wind hängt, zerfetzt früher. ☺ Am Schnellsten gewöhnen sich die Leute ans nette Benehmen eines anderen.

# Nachhilfe in Zukunftssachen

Geschichte kann man herstellen. Und unter-
stellen. ☺ Oft macht's wirklich.

Mehr als eine Antwort schnüren musst du für
deine Zukunft.

Ohren erfinden für den Zukunftsdonner.

Kein Kampf ist bloß aus der Luft zu gewinnen.

Was die Beine leisten für die Augen! ✳ Wis-
senschaft muss wandern. ✳ Der Kopf wächst
aus den Beinen. [⇨ zurück zu S. 91 …]

Du rupfst Gewinne dort, wo andere ent-
täuscht werden von anderen.

Wo einer sammelt und ordnet? Keimt Wert.

›Besitz‹ stammt von ›besetzen‹ und ›besetzt halten‹.

Wer kann sitzen auf dem Stuhl der Macht? Der ihn verrückt.

Vorsicht, die Weltgeschichte ist nachtragend.

Späte Verluste heilen bockig.

Die Geschichte hat einen langen Atem und meist faulen Mundgeruch.

Jede Macht wird missbraucht.

Stürzt die Ausnehmer, stützt die Ausnahmen!

Zukunft macht Scherben.

Fortsetzung droht.

Die Welt ist verlernbar.

Das Licht weiß nichts vom Schatten. Was weiß
der Schatten vom Licht? Und wird doch von
ihm erzeugt … Die Tat kennt ihre Folge nicht;
die Folge kennt nicht ihren Grund.

Ein Stern fängt im Kopf an zu leuchten.

Der Rand strickt vorn.

Am Rand wogt Zukunft.

Allmählich dämmert mir deutlicher: meine
Zukunft hat meine Vergangenheit beeinflusst.

Man kann am Rand seine Mitte orten.


:: man mus auch shnelr dichtn heut als frühr ::


denken = (Welterfahrung ± Wille) × Rechenschritte


Mächtige klammern; mächtige Klammern.


Geschichte tapst nach Land-Gewinn.


Wer gewinnt die Gegenwart?
Wer gewinnt? Die Gegenwart.


Überragende Wachstumsgelegenheiten birgt
das Langsame; und Schlafmittel. Menschen
übelbevölkern sich? Deine Zukunft hinkt.


Pflicht der Zukunft: Stillhalten? Faulenzen.

Der schönste Fluss heisst Überfluss.


Leiblehre: von allem die Wärme annehmen.


** Berufe mit Zukunft:


Luftschlossvermieterin
Wunderanmelder
Erbgutfahnderin                    Eigentorhüter
Zukunftsentrümplerin
Weltbildentrümpler                 Zukunftsgebärerin
Rückschrittsforscherin
Nebelverkäuferin                   Nachtforscher
Beruhigungsunternehmerin
Ohrwurmzüchter                     Neidhelfer
Silbenmüllmann                     Weg-Werfer
Stausaugerin
Niederlagenforscher
Linkshänderberater                 Zukunftsvertröster
Augenblicksgönnerin
Meinungsbefreier                   Weltbildhehler
Hinterhaltsausstatter


Alptraumamt mit Zukunft: Aussterbeberaterin.

Schweizer Demokratie, kanadische Lösungen,
Kölscher Karneval. Saubere Wunden …

Das Zeitlose findet ewig eine Gegenwart.

Im Spiel gilt immer: ab jetzt …

Der Sieg ist die Waffe.

Übersicht öffnet Tore. Man spielt Fussball mit
den Augen.

Wer zur Spitze des Wissens aufsteigt, wird als
nächster aufgespiesst von ihr.

Ins Endspiel kann man sich nicht hinein-
zittern; durchs Endspiel kann man sich nicht
hindurchhoffen. Vor dem Anpfiff beginnt's.
Endspiele gewinnt man im Hinterkopf.

Weiter springen wollte Freija. Sie hämmerte ein Bild der Weitsprunggrube über ihr Bett: der erste Morgenblick galt ihrer Sprunggrube, das letzte Licht vorm Einschlafen strahlte von ihrer Sprunggrube: dann spürte sie in Gedankenschleifen jedem ihrer Schritte über die Anlaufbahn nach, streichelte das Absprungbrett; übernachtete im Grubensand. Da sprang Freija eine Handbreit weiter als zuvor – gipfelbeflügelt … Wer die Sprunggrube vorherdenkt, springt weiter; wer die Zukunft vorwegnimmt, hat eine.

Die Zukunft ist anwesend.

DIE ZUKUNFT
HÖRT
AUF
SPRINGTEUFEL

Wir sterben. [Von diesem Grundstück aus heben sich scharenweise Nebel: du stirbst, ich sterbe.] Unser Tod straft uns genug: wir brauchen uns nicht gegenseitig beim Leben zu stören.

Hauptgrund allen Scheiterns ist das Lieblose.

Hauptelend der Welt? Man kann nichts zu-
rücknehmen.

Leichter übern Berg steigt, wer Gipfel hoch-
schätzt. Sind wir oben, wissen wir, wo wir
waren ... wo wir sind ... wer wir sind.

Unvortäuschbar: Durchblick und Schnelle.

$$\text{Zeit}^4 + \text{Raum}^3 \, (\text{- Zahnweh}^2) = \text{Glück}^1$$

Das Glückskind strolcht nie von allein herein,
es muss auch Schiffe haben und einen Hafen.


Erdöl wird knapp, Forschung wird weit.
Weiter hilft nur Nachforschung.


Weltölbilder versiegen. Strom bleibt eine
spannende Sache.


Wissen kommt vor dem Neid.


Treibstoff, Zugriff, Selbstgespür: alles andre ist
Faselei. ⌐ Was du nicht tust, hängt an dir.


Rechne mit allem, selbst mit Beifall! Die Welt
ist deine Halbschwester.


Wer sieht, kann schießen.

Umso heimischer fühlst du dich in deiner Zwickmühle, je geräumiger du sie anlegtest … Jede Zwickmühle ist mehrstöckig ausbaubar.

Glück ist, erlebt zu haben – überlebt zu haben.

Was kam nach der Weisheit? Lösungen.

Schutzwesten haben Zukunft; und Weltbild-
entführer.


Wer zuletzt lacht, bringt sich um den ganzen
Scherz.


Woran sterben die Leute massenhaft? Am
misslingenden Spaß. Spaß – Austausch.


Das Höchste? Sich gut zu unterhalten.


Im Notfall muss man
sich zur Freude
zwingen.


Am Ende war alles eine Frage des Anfangens.


Anfangen kann man hinten – vorausgesetzt,
man ist am Ende.

## Wer sich gehen lässt, macht Fortschritte[1]

[1] Sprengsätze für Zukunftslustige

ISBN: 978-3-8391-69667

## Jeder kann was, was nicht jeder kann[2]

[2] Sprengsätze fürs Honigvolk

ISBN: 978-3-8391-63344

Wollt ihr eure eigenen Spreng-Sätze bauen
und ein Buch draus machen?
Wir helfen euch beim Ausfeilen und allem
drumherum:

sprengsatzmeister@staerkere-texte.de

www.stärkere-texte.de